westermann

ANNO Horizonte 3

Von der Frühen Neuzeit bis zur Französischen Revolution

Erarbeitet von Klaus Fieberg

Bildnachweis:
akg-images GmbH, Berlin: 3.2, 6.1, 10.1, 13.1, 13.2, 22.1; Cameraphoto 4.1; Heritage Images/Fine Art Images 4.3; Hugo Vogel 12.1; Lessing, Erich 3.4, 18.1. |bpk-Bildagentur, Berlin: 15.1, 15.2, 19.1; SBB/Schacht, Ruth 4.2. |Bridgeman Images, Berlin: 17.1; Fogg Art Museum, Harvard University Art Museum, Nachlass G.L. Winthrop 20.1. |fotolia.com, New York: Digishooter 4.4; l-pics 13.3. |Getty Images, München: Photo 12 3.3, 14.1. |iStockphoto.com, Calgary: Norbert_Speicher Titel; Tokle Titel. |Picture-Alliance GmbH, Frankfurt a.M.: akg-images 12.2. |ullstein bild, Berlin: Archiv Gerstenberg 24.1; Granger Collection, NYC 10.2; Heritage Images/TopFoto 3.1.

Druck A[2] / Jahr 2023
Alle Drucke der Serie A sind im Unterricht parallel verwendbar.

Redaktion: Christoph Meyer
Druck und Bindung: Westermann Druck GmbH, Georg-Westermann-Allee 66, 38104 Braunschweig

ISBN 978-3-14-**115450**-4

IN SILENTIO FORTITVDO
ET. SPE ERIT VESTRA.

Neue räumliche und geistige Horizonte

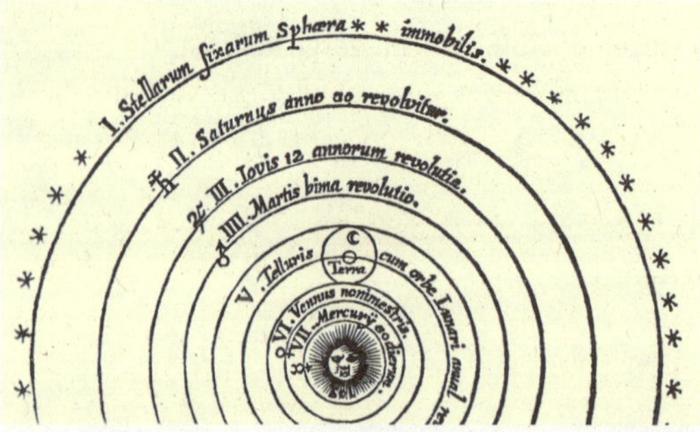

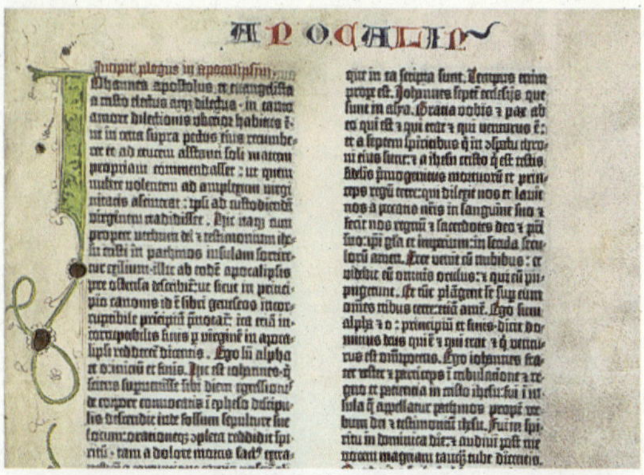

(1) Was ist dargestellt?	(2) Welche Namen und Begriffe passen hierhi

(3) Für welchen Themenbereich steht das Bild?

1. Beschreibe kurz, was auf den einzelnen Abbildungen dargestellt ist. Nutze dazu die Spalte 1. Du findest Hinweise zu den Abbildungen auch in deinem Lehrbuch.

2. Ordne die folgenden Namen und Begriffe den Abbildungen zu. Nutze dazu die Spalte 2.

Leonardo da Vinci	Martin Luther	Seeweg nach Indien
Kolumbus	Natürliche Darstellung	Philippo Lippi
Johannes Gutenberg	Perspektive	Galileo Galilei
Santa Maria (Nachbau)	Nikolaus Kopernikus	Bewegliche Lettern
Florenz	Medici	„Entdeckung“ Amerikas
Neues Bild vom Menschen	Ptolemäus	Technische Neuerung
Mainz	Natur- beobachtung	Amerigo Vespucci

3. Ordne die folgenden Begriffe den Abbildungen zu. Nutze dazu die Spalte 3.

Entdeckungs- reisen	Anatomie/ Medizin	Astronomie
Buchdruck	Malerei der Renaissance (Perspektive)	

4. Erkläre mit eigenen Worten den Begriff Renaissance. Nutze dazu folgende Begriffe und Formulierungen:

neues Menschenbild	Vorbild	Wiedergeburt
Antike	Kunst und Literatur der alten Griechen und Römer	
oberitalienische Städte	eigenständiges Denken	
Beobachten der Natur	sich orientieren	

Die Erfindung des Buchdrucks – Ein Bildvergleich

M 1 Mönch im Skriptorium (Schreibstube eines Klosters)
Holzschnitt aus der Handschrift „Miracles de Notre Dame“, Frankreich, Mitte 15. Jahrhundert, nachträglich koloriert

1 Ordne folgende Bezeichnungen den in M1 und M2 markierten Bildbereichen zu:

- ○ Stapel mit bedruckten Bögen
- ○ Mönch auf einem Schemel
- ○ Druckerpresse mit Spindel und Hebel (Druckbengel)
- ○ Pult mit Buchseite, die kopiert (abgeschrieben) werden soll
- ○ Regal mit gebundenen Büchern
- ○ Schreibfeder
- ○ Drucker, der einen bedruckten Bogen aus dem Druckrahmen nimmt
- ○ Metallstift zum Festhalten der Pergamentrolle
- ○ Gehilfe, der mit zwei Ballen die Druckfarbe aufträgt
- ○ Setzer am Setzkasten mit beweglichen Lettern aus Blei
- ○ Pergamentrolle
- ○ Stapel mit unbedruckten Bögen

2 Der Holzschnitt M1 wurde „nachträglich koloriert“, d. h. die Farbe wurde nachträglich hinzugefügt, oft erst viele Jahrhunderte später. Überlege eine sinnvolle Farbgebung für den Holzschnitt M2 und koloriere das Bild.

M 2 **„Der Buchdrucker"**
Holzschnitt aus dem „Ständebuch" von Jost Amman und Hans Sachs, zuerst gedruckt 1568

3 Trage die fehlenden Begriffe ein. Die infrage kommenden Begriffe findest du unter dem Lückentext:

__________ aus Mainz erfand __________ den Buchdruck mit beweglichen Lettern. Damit schuf er die Möglichkeit, Schriftstücke __________. Bis dahin wurden Bücher meist __________ von Hand abgeschrieben. Dazu wurden die Texte mit einer __________ auf __________ übertragen. Die Herstellung von Büchern war sehr __________, die einzelnen Exemplare waren __________. Mit seiner Erfindung machte Gutenberg Texte und Bücher erstmals einer __________ zugänglich. Die Herstellung von Büchern wurde damit zudem deutlich __________. Gutenbergs Erfindung trug zu einer sprunghaften __________ bei. Während der Reformation führte der Buchdruck zur raschen __________ Luthers.

Entwicklung von Wissen und Bildung | kostbar und teuer | in der Mitte des 15. Jahrhunderts | zeitaufwendig | breiten Öffentlichkeit | preiswerter

Pergament | schnell zu vervielfältigen | Schreibfeder | Verbreitung der neuen Lehre | Johannes Gutenberg | von Mönchen in Klöstern

Entdeckungsreisen – Eine Geschichtskarte auswerten

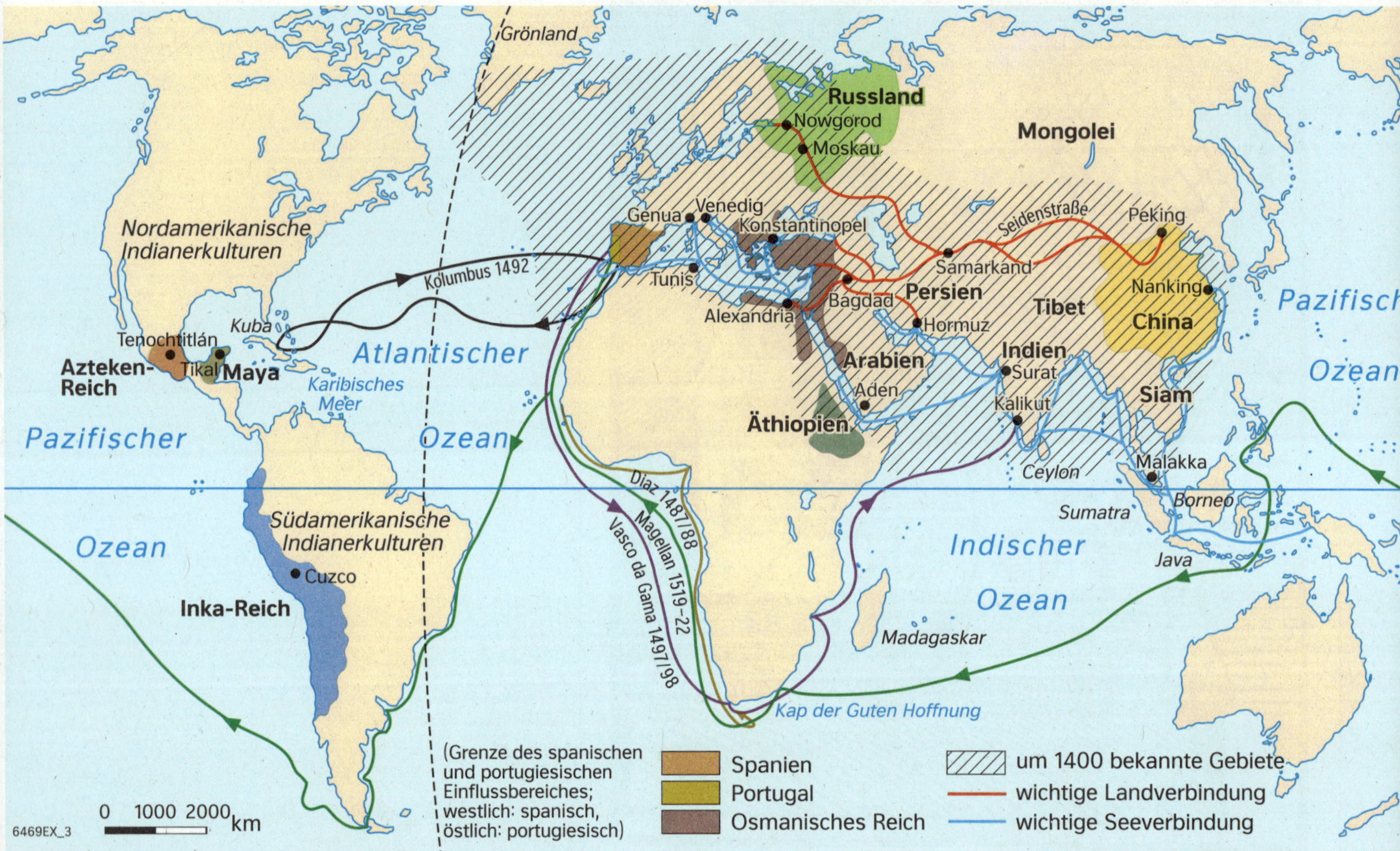

M 1 **Die Welt zu Beginn der großen Entdeckungen (um 1500)**

1 Wie lautet das Thema der Karte?

____

2 Welchen geografischen Bereich stellt die Karte dar?

____

____

3 Welcher Zeitraum wird in der Karte dargestellt?

____

4 Was bedeutet die gestrichelte Linie, die von Norden nach Süden durch die Karte verläuft?

____

____

5 Welche Gebiete waren den Europäern in der Zeit um 1400 n. Chr. bekannt?

6 Ein wichtiger, weit reichender Handelsweg zu Land war die Seidenstraße. Nenne einige Stationen dieser Verbindung.

7 Für welche Meere sind in der Karte bereits um 1500 genutzte Seeverbindungen eingezeichnet?

8 Ordne mithilfe der Informationen aus der Karte die Buchstaben zu und trage die Buchstabe in die Tabelle ein.

Name des Entdeckers (Lebensdaten)	**Zeitpunkt der Reise**	**Reiseweg**
Christoph Kolumbus (um 1451–1506)		
Bartolomeu Diaz (um 1450–1500)		
Vasco da Gama (um 1469–1524)		
Ferdinand Magellan (um 1485–1521)		

A 1492/93

B 1497/98

C 1487/88

D 1519–1522

E Von der iberischen Halbinsel aus in südlicher/südwestlicher Richtung quer über den Atlantischen Ozean bis an die südamerikanische Küste (heutiges Brasilien), entlang der Küste bis zur Südspitze Südamerikas, durch die (später sogenannte) Magellan-Straße, in nordwestlicher Richtung über den Pazifischen Ozean bis zu den Philippinen. Die Route führte weiter durch die indonesische Inselgruppe und den südlichen Indischen Ozean in Richtung Südafrika und vorbei am Kap der Guten Hoffnung. Dann ging es weiter in nördlicher Richtung entlang der westafrikanischen Küste zurück zum Ausgangspunkt der Reise.

F Von Lissabon aus in südlicher Richtung entlang der westafrikanischen Küste, um das Kap der Guten Hoffnung herum, in nordöstlicher Richtung entlang der ostafrikanischen Küste, in Höhe des Äquators in östlicher Richtung quer über den Indischen Ozean bis Kalikut an der westindischen Küste.

G Von Lissabon aus in südlicher Richtung entlang der afrikanischen Westküste bis zur Südspitze Afrikas und dem Kap der Guten Hoffnung, Rückkehr auf der gleichen Route.

H Von der südspanischen Hafenstadt Palos de la Frontera (Andalusien) aus in südwestlicher Richtung mit Station auf den Kanarischen Inseln, quer über den Atlantischen Ozean in westlicher Richtung bis zu der Inselgruppe der Bahamas, Landung in San Salvador (von den Ureinwohnern Guanahani genannt), Weiterfahrt nach Kuba, Rückkehr in östlicher Richtung nach Spanien.

Flugblätter und Spottbilder der Reformationszeit entschlüsseln und vergleichen

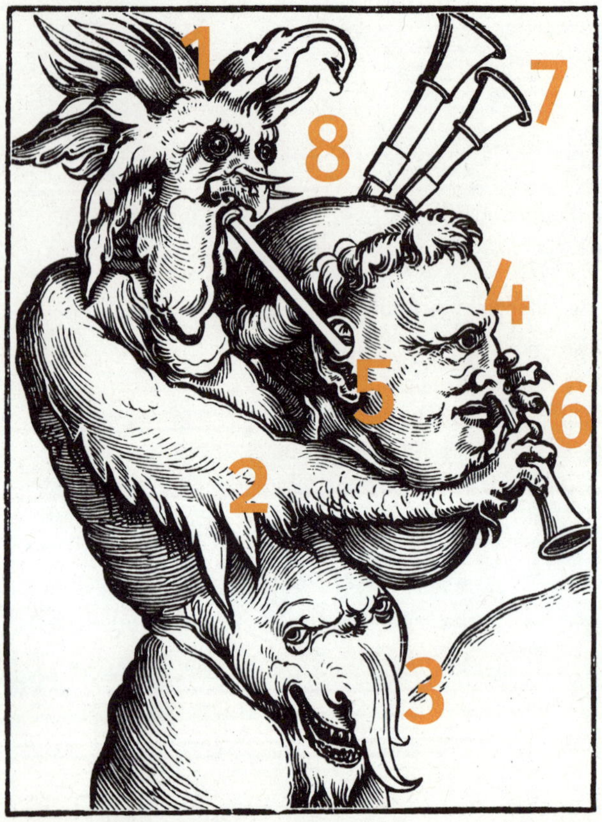

M 1 **„Luther, des Teufels Dudelsack“**
Holzschnitt von Erhard Schoen, 1521

M 2 **„Ego sum Papa.“**
Anonyme Karikatur auf einem Flugblatt aus dem frühen 16. Jahrhundert

1 Ordne die Erklärungen in M3 den mit Ziffern bzw. Buchstaben markierten Bildelementen zu.
Trage die entsprechenden Ziffern und Buchstaben in M3 ein.

M 3 **Tabelle mit Erklärungen zu M1 und M2**

	Teufel mit Vogelkopf und Hörnern		Titel „Ego sum Papa.“ (Ich bin der Papst.)
	Die Pfeife, auf der die Melodie gespielt wird, wächst aus der Nase des Mönches heraus.		Teufelsfratze mit Hörnern und gespaltener Nase
	Tonsur (kahlgeschorener Kopf mit schmalem Haarkranz, Erkennungszeichen von Mönchen und Priestern)		dreistufige Krone: Tiara (= Papstkrone)
	Dudelsack/Sackpfeife, auf welcher der Teufel spielt, hat das Aussehen von Luthers Kopf		mit Kreuzen bestickte Schuhe (Kreuz = christliches Symbol)
	Im Ohr des Mönches steckt das Mundrohr des Dudelsacks.		zweites Teufelsgesicht auf der Brust der Person (Auf christlichen Bildern werden Teufel oder Dämonen oft mit zwei Gesichtern dargestellt.)
	schuppenbedeckte Arme und Krallen		kostbares Gewand (= Prunksucht des Papstes)
	zwei weitere Pfeifen, die wie Hörner hinter dem Kopf des Mönches hervorragen		Hände als Krallen
	zweites Teufelsgesicht auf dem Unterleib (Auf christlichen Bildern werden Teufel oder Dämonen oft mit zwei Gesichtern dargestellt.)		Galgenstrick und Dreizack (Strick = Werkzeug des Henkers; Dreizack = Waffe und Erkennungszeichen des antiken heidnischen Gottes Neptun/Poseidon)

2 Trage in den Lückentext M4 die fehlenden Begriffe ein. Wenn du nicht weiterkommst, kannst du die Liste mit den Lösungen nutzen (M5).

M 4 Lückentext zu den beiden Spottbildern

M1 ist ein Holzschnitt aus dem Jahre __________ und stammt von __________. Er zeigt einen Teufel mit einem __________, der das Aussehen eines __________ bzw. des Reformators __________ hat. Der Zeichner stellt Luther also als __________ des Teufels dar.

M2 ist ein Flugblatt mit dem Titel __________. Erstellt wurde es zu __________ von einem anonymen, d.h. __________ Künstler. Das Bild zeigt eine Teufelsgestalt als scheußliches Mischwesen aus __________. Es trägt ein __________ und die __________, also die Krone des Papstes. Der Zeichner stellt also den Papst als ein teuflisches Monster dar, das von sich selbst behauptet: __________

Die Karikatur M1 wurde von den __________ verbreitet, die Karikatur M2 stammt von einem __________.

Gemeinsam ist den beiden Karikaturen, dass die Person, gegen die sich das Spottbild richtet, als __________ dargestellt wird. Diese Form der Darstellung nennt man auch __________ (von Dämon: Teufel, böser Geist).

M 5 Lösungen zum Lückentext M4

Tiara	Dudelsack	namentlich nicht bekannten	Mönches
Erhard Schoen	Martin Luther	Gegner des Papsttums und der römisch-katholischen Lehre	Gegnern Luthers und der Reformation
1521	„Ego sum Papa“	Sprachrohr und Werkzeug	
Beginn des 16. Jahrhunderts	„Ich bin der Papst.“	Prachtgewand	
Mensch und Tier	Teufel bzw. als Werkzeug des Teufels	Verteufelung oder Dämonisierung	

Reformation und Dreißigjähriger Krieg – Mit einer Zeitleiste arbeiten

1517 | 1521 | 1529 | 1546 | 1555

1520 | 1530 | 1540 | 1550 | 1560 | 1570 | 1580

1521/22 | 1525/26

Auf dieser Doppelseite siehst du eine **Zeitleiste**. Sie stellt den **Zeitraum** von 1520 bis 1650 dar. Die großen Markierungsstriche auf der Zeitleiste stehen jeweils für den Beginn eines **Jahrzehnts** (Dekade), die kleinen Abstände dazwischen stellen jeweils ein **Jahr** dar.

1 Ordne die folgenden Ereignisse den richtigen Daten zu und trage die passenden Ziffern in die entsprechenden Felder ein.

1 Augsburger Religionsfrieden

2 Luthers Thesenanschlag

3 Bauernkrieg

4 Tod Luthers

5 „Protestation“ auf dem Reichstag zu Speyer

6 Reichstag zu Worms

7 Westfälischer Friede

8 Prager Fenstersturz

9 Luthers Aufenthalt auf der Wartburg

1619

1648

1590 1600 1610 1620 1630 1640 1650

2 Ordne folgende Erläuterungen den Daten und Ereignissen auf der Zeitleiste zu und trage dort den passenden Buchstaben ein.

A Ein Mönch, der zudem an der Wittenberger Universität Theologie lehrte, veröffentlichte dort seine Auffassungen zu den Zuständen in der katholischen Kirche, insbesondere zum Ablasshandel.

B Nachdem gegen Luther die Reichsacht verhängt worden war, half ihm der Kursfürst von Sachsen bei der Flucht und brachte ihn auf die Wartburg bei Eisenach. Dort lebte Luther versteckt als „Junker Jörg“ und widmete sich der Übersetzung der Bibel.

C Während der Versammlung der Reichsstände weigerte sich Luther in Anwesenheit von Kaiser Karl V., seine Lehren zu widerrufen. Gegen Luther wurde die Reichsacht verhängt, die Verbreitung seiner Lehren wurde verboten.

D Eine Bevölkerungsgruppe erhob sich in Südwestdeutschland und in Thüringen gegen die sozialen und politischen Zustände. Der Aufstand wurde niedergeschlagen, die Anhänger wurden verfolgt, viele wurden hingerichtet.

E Nach einem Mehrheitsbeschluss des Reichstags sollten alle kirchlichen Reformen verboten werden, die Anhänger Luthers sollten der Reichsacht verfallen. Dagegen protestierten die reformierten Landesfürsten und Reichsstädte. Von daher leitet sich der Begriff Protestanten ab.

F Mit dieser Regelung zwischen dem Kaiser und den Reichsständen erhielten die Landesfürsten das Recht, nach dem Grundsatz „Cuius regio, eius religio“ (dt.: „Wessen Gebiet, dessen Religion“) auf ihrem Gebiet die Konfession der Untertanen zu bestimmen.

G Der Mann, der mit seinem Thesenanschlag die Reformation ausgelöst hatte, starb im Alter von 62 Jahren in seiner Geburtsstadt Eisleben.

H In den Städten Münster und Osnabrück wurde ein Vertrag abgeschlossen, der den 30-jährigen Krieg in Deutschland und Europa beendete.

I Die Aktion gegen zwei Gesandte des Kaisers Ferdinand II. löste den 30-jährigen Krieg aus.

3 Ordne den Bildern die Ereignisse und die Erläuterungen zu und trage in die Bilder die passenden Ziffern und Buchstaben ein.

Absolutismus in Frankreich – Das Selbstbild eines Herrschers

M 1 Le „Roi Soleil“
Medaille von 1674 mit der Devise Ludwigs XIV.: „Nec pluribus impar“ (frei übersetzt: „Keiner kann sich mit ihm messen“).

Die Medaille wurde von Jean Warin (1604–1672) geschaffen, einem der bedeutendsten Medailleure zur Zeit Ludwigs XIV. 1646 wurde er zum „Graveur Général des Monaies de France“ ernannt und damit zum bestimmenden Mann, was Münzprägungen anbetraf.

Aus welchem Anlass bzw. für wen diese Medaille geprägt wurde, ist nicht bekannt. Medaillen wurden – damals wie heute – gerne als Geschenke überreicht, z.B. für Staatsgäste, oder sie dienten dazu, bestimmte Ereignisse zu feiern. Medaillen sind nicht mit Münzen zu verwechseln, da sie kein offizielles, allgemeines Zahlungsmittel darstellen.

1. Was ist im Einzelnen auf der Medaille abgebildet? Ergänze die Tabelle.

Ziffer im Bild M1	Was ist auf den Bildbereichen in M1 jeweils abgebildet?
1	
2	
3	
4	
5	
6	

2. Die einzelnen Bildbereiche ergeben zusammen eine Grundaussage. Formuliere diese mit eigenen Worten.

3. Die Medaille wurde vermutlich von Ludwig XIV. selbst in Auftrag gegeben und verschenkt. Stelle Vermutungen darüber an, was der König damit beabsichtigt haben könnte. Berücksichtige die Informationen zur Medaille auf dieser Seite.

Arbeit in der Manufaktur/Arbeit im Handwerk – Ein Vergleich

1 Ordne den Bildbereichen die passenden Kennzeichnungen zu. Trage dazu die Ziffern in die Tabelle ein.

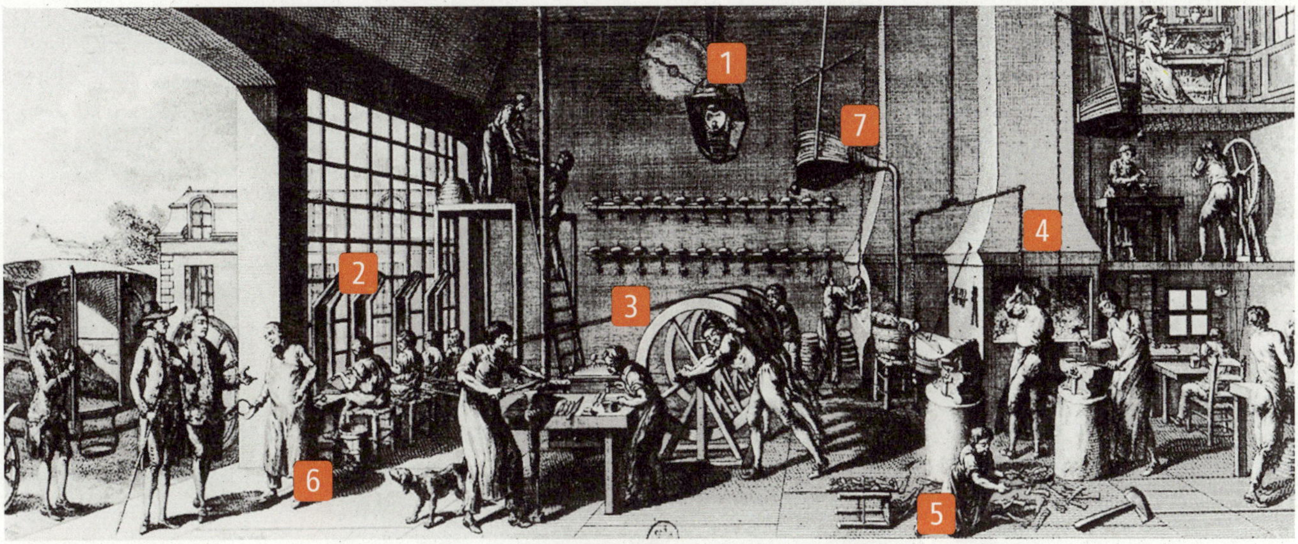

M 1 Staatliche Rasiermessermanufaktur in Paris 1783, Kupferstich von J. le Roy, um 1800

Ziffer im Bild M1	Bildbereiche in M1
	Blasebälge, um den Feuerstellen Luft zuzuführen
	Feinschliff der Rasiermesser, die dazu in Schraubstöcke eingespannt werden
	Feuerstelle, in der die Rohlinge zum Glühen gebracht werden
	Kind, das die glühenden Rohlinge mithilfe einer Zange aufsammelt
	Männer an Schwungrädern, durch die über Transmissionsriemen die Schleifsteine angetrieben werden
	Meister im Gespräch mit Kunden
	Wanduhr

M 2 Werkstatt eines Schuhmachers, Holzschnitt, um 1600

2 Vergleiche die Organisation der Arbeit in einer Manufaktur und in einem Handwerksbetrieb.
Nenne mindestens drei Unterschiede.

Der Merkantilismus in Frankreich – Ein Schaubild versprachlichen

Mit dem staatlich gelenkten System des Merkantilismus sollten die Mittel für die enormen Staatsausgaben (z. B. für das Stehende Heer und die Kriege oder für das aufwendige höfische Leben) aufgebracht werden. Dafür sollte durch intensiven Handel möglichst viel Geld ins Land kommen und möglichst wenig das Land verlassen. Die Regierung veranlasste zahlreiche Maßnahmen, um dieses Ziel zu erreichen. Die folgende Kartenskizze veranschaulicht diese Maßnahmen.

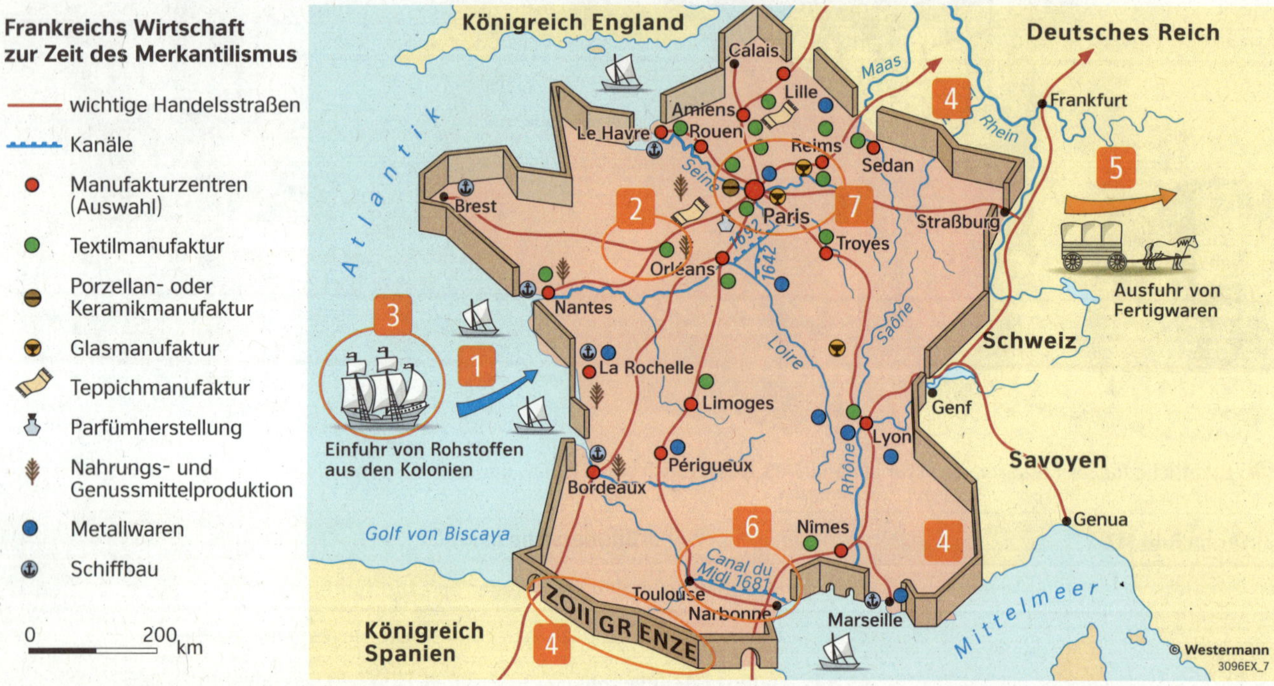

1. In der Kartenskizze sind zahlreiche Maßnahmen verzeichnet, die der Staat durchführte, um das Wirtschaftssystem des Merkantilismus umzusetzen. Die Ziffern 1 bis 7 verweisen auf diese Maßnahmen. Ordne den Maßnahmen, die in der folgenden Tabelle aufgezählt werden, die Ziffern im Schaubild zu.

2. Welche konkreten Ziele verfolgte der Staat mit diesen Maßnahmen? Ergänze diese in der Tabelle.

Ziffer im Schaubild	Maßnahmen des Staates	Mit den Maßnahmen verfolgte Ziele
	Das Straßennetz wird vom Staat ausgebaut, der Ausbau kontrolliert.	
	Der Aufbau von Manufakturen und Manufakturzentren wird vom Staat gefördert.	
	Der Staat baut Kanäle zur Verbindung wichtiger Flüsse.	
	Die eigene Handelsflotte wird ausgebaut.	
	Rohstoffe werden aus den eigenen Kolonien ins Land eingeführt.	
	Waren, die ins Land kommen, werden an der Grenze mit Zöllen belegt.	
	Verarbeitete Fertigwaren, z. B. Waffen, Bekleidung oder Spielkarten, werden ins Ausland verkauft.	

Straßenbau als merkantilistische Maßnahme – Mit einer Bildquelle arbeiten

Unter König Ludwig XV., dem Nachfolger des „Sonnenkönigs", wurde Anfang der 1740er-Jahre in Frankreich ein umfangreiches Straßenbauprogramm aufgelegt. Vorhandene Straßen wurden instand gesetzt, neue geplant und gebaut. All dies unterlag der Aufsicht des Staates. Auf diese Wiese wurde das französische Straßennetz um fast 12 000 km auf insgesamt 35 600 km erweitert. Für die Bauarbeiten konnten Bewohner der Region vom Staat zwangsverpflichtet werden. Der Maler Claude-Joseph Vernet (1714–1789) hielt im königlichen Auftrag in mehreren seiner Gemälde den Ausbau französischer Häfen und den Straßen- und Brückenausbau fest.

M 1 **„Der Bau einer großen Straße"** Gemälde von Claude-Joseph Vernet, 1774

1. Betrachte das Gemälde genau und ordne die mit Nummern versehenen Bereiche des Bildes den Beschreibungen zu.

- ◯ befestigte Stadt auf einer Bergkuppe
- ◯ Arbeiter mit Hammer und Keil beim „Absprengen" eines Felsstückes
- ◯ Windmühle
- ◯ Baustellenleiter mit dem Inspektionstrupp zu Pferd
- ◯ eine Gruppe von Pflasterern
- ◯ Arbeiten an einer Steinbrücke
- ◯ Arbeiter schütten mit dem Abraum zur Sicherung der Trasse die Uferböschung auf.
- ◯ Holzgeländer an einem bereits fertiggestellten Straßenstück
- ◯ einige Arbeiter mit Pferdefuhrwerk, die zur Verbreiterung der Trasse das Gestein der seitlichen Böschungen abtragen
- ◯ zwei Frauen neben einem Kilometerstein, auf dem über einer königlichen Lilie die Entfernung bis zur Hauptstadt Paris angegeben ist

2. Erläutere den Zusammenhang zwischen dem im Bild dargestellten Vorgang und dem Wirtschaftssystem des Merkantilismus. Nutze dazu auch die thematische Karte auf der nebenstehenden Seite.

3. Das Gemälde wurde im Auftrag des Königs angefertigt. Stelle Vermutungen darüber an, welche Absichten der Auftraggeber damit verfolgte.

Kritik an der Ständegesellschaft – Eine Karikatur beschreiben und deuten

M 1 **„Taille, Impôts et Corvées"**

„Kopfsteuer (Taille), Steuern (Impôts) und Fronarbeiten (Corvées)", französische Karikatur von 1789

1 Finde wichtige Details in der Karikatur und trage die entsprechenden Zahlen in die leeren Felder ein.

(1) abgesägter Baumstamm, (2) Adliger in Uniform, (3) Bauer, auf dem Rücken liegend, (4) Degen, (5) Gebetbuch, (6) Geistlicher, (7) Getreideähren, (8) Großer Steinblock, (9) Reste einer Karre mit Deichsel, Rädern und Achse, (10) roter Uniformrock, (11) Schriftzug: „Taille, Impôts et Corvées" („Kopfsteuer, Steuern und Fronarbeiten"), (12) Spaten als Arbeitsgerät des Bauern, (13) Stiefel, (14) Zweispitz mit Wappen und Federbusch

2 Erkläre die Bedeutung ausgewählter Elemente der Karikatur. Ergänze dafür die folgenden Sätze:

Der Bauer unter dem Stein steht für den ______ *Stand. Er wird dargestellt als jemand, der* ______

______ *wird.*

Der Stein mit der Aufschrift steht für die ______.

Ein Geistlicher und ein Adliger, beide auf dem Stein stehend, sind Vertreter des ______ *Standes bzw. des* ______ *Standes.*

Sie werden dargestellt als Personen, die ______.

3 Formuliere die Aussage der Karikatur. Ergänze dafür den folgenden Satzanfang:

Mit der Karikatur von 1789 kritisiert der Zeichner ... ______

______

Der Sturm auf die Bastille in Paris – Ein historisches Ereignis erschließen

Am 14. Juli 1789 ereignete sich in Paris ein geschichtlich einmaliger Vorgang. Was genau ist an diesem Tag geschehen? Wie kam es dazu? Wer war beteiligt? Welche Bedeutung hatte das Ereignis?

1 Die Festungsanlage der Bastille bestand aus acht etwa 40 Meter hohen, von Zinnen gekrönten Türmen und war von einem Wassergraben umgeben. Der Zugang erfolgte über eine Zugbrücke.

2 Als die Aufständischen versuchten, sich gewaltsam Zugang zur Bastille zu verschaffen, ließ de Launay auf die Angreifer schießen. In den mehrere Stunden andauernden Kämpfen wurden an die 100 Menschen getötet.

3 Nach der Kapitulation sollte der Kommandant der Bastille, Marquis de Launay, zum Pariser Rathaus gebracht werden. Auf dem Weg dorthin wurden er und einige seiner Soldaten von der aufgebrachten Menge auf grausamste Weise ermordet.

4 Die Bastille (franz.: kleine Festung) wurde im Laufe des 14. Jahrhunderts als Teil der Pariser Stadtbefestigung erbaut. Seit dem 17. Jahrhundert wurde sie als Staatsgefängnis genutzt. 1789 befand sich in der Festung noch eine Garnison von 32 Schweizer Soldaten und 82 Kriegsveteranen.

5 Am späten Vormittag des 14. Juli zog die nun teilweise bewaffnete Menschenmenge zu der an der östlichen Stadtmauer gelegenen Bastille. Der Kommandant der Festung, Marquis de Launey, weigerte sich, die in der Festung lagernden Kanonen sowie die Munition herauszugeben.

6 Der Sturm auf die Bastille gilt vielfach als der eigentliche Beginn der Französischen Revolution. Er besiegelte den Sturz des Alten Regimes und steht für den Sieg des Volkes über die Herrschaft des Königs und der Aristokratie. Bis heute ist der 14. Juli der Nationalfeiertag der Franzosen.

7 Am Nachmittag des 14. Juli musste de Launay feststellen, dass die Lage für die Verteidiger aussichtslos war. Nachdem man ihm und seinen Soldaten freies Geleit zugesichert hatte, übergab er die Bastille mit den darin befindlichen Waffen den Belagerern. Die sieben Gefangenen wurden aus ihren Gefängnissen befreit.

8 Am 14. Juli, einem Dienstag, versammelte sich erneut eine große Menschenmenge aus den Pariser Vorstädten. Auf der Suche nach Waffen und Munition zog die Menge zunächst zum Zeughaus im „Hotel des Invalides".

9 Am 12. Juli kursierten in Paris Gerüchte, dass der König Truppen zusammengezogen hätte, um ein „Massaker unter den Pariser Patrioten" anzurichten. Bei Unruhen in der Stadt kam es daraufhin zu ersten Verletzten und zu Todesopfern.

10 Bereits am 15. Juli wurde unter der Leitung des Bauunternehmers Pierre-François Palloy mit dem vollständigen Abriss der Bastille, die als Sinnbild für die königliche Herrschaft angesehen wurde, begonnen. Steine und Metallgegenstände aus der Bastille wurden als revolutionäre Souvenirs im ganzen Land verkauft.

1. Bringe die Informationskarten in eine sinnvolle Reihenfolge.

Notiere hier die korrekte Reihenfolge der Kärtchen. Beginne mit dem Kärtchen Nr. 4. 4 ___ ___ ___ ___ ___ ___ ___ ___ ___

2. Ordne die Informationskarten den folgenden Fragen zu. Hinweis: Oft können mehrere Karten zugeordnet werden.

Zu diesen Fragen …	… finden sich Informationen auf den Karten mit der Nummer …
A) Um welches Bauwerk handelt es sich? Wie sah es aus?	
B) Wann wurde es erbaut? Wozu diente es?	
C) Was war der Anlass für den Bastille-Sturm?	
D) Wie lief das Geschehen am 14. Juli 1789 ab?	
E) Wer war am Sturm auf die Bastille beteiligt?	
F) Was war das Ergebnis der Erstürmung?	
G) Was wurde aus dem Bauwerk nach seiner Erstürmung?	
H) Wie beurteilen Historiker/innen den Bastille-Sturm?	

„Was ist der Dritte Stand?“ – Eine schriftliche Quelle erschließen

M 1 Emmanuel-Joseph Sieyès (1748–1836)

Gemälde von Jacques-Louis David (1748–1825), Öl auf Leinwand, 1817

Emmanuel-Joseph Sieyès wurde am 3. Mai 1748 in Fréjus (Südfrankreich) geboren. 1772 wurde Sieyès zum Priester geweiht. Sieyès zog mit dem Bischof nach Chartres und wurde Generalvikar.

Im Januar 1789 veröffentlichte er in Paris die kritische Flugschrift „Was ist der Dritte Stand?“. Als Deputierter des Dritten Standes zog er in die Generalständeversammlung in Versailles ein. Er war der Verfasser des Ballhausschwures vom 20. Juni 1789 und arbeitete an der ersten Verfassung von 1791 mit.

M 2 „Was ist der Dritte Stand?“

Aus der Flugschrift von Emmanuel-Joseph Sieyès:

Was ist der Dritte Stand?

Der Plan dieser Schrift ist sehr einfach. Wir müssen uns drei Fragen stellen.

1. Was ist der Dritte Stand? – ALLES.
2. Was ist er bis jetzt in der politischen Ordnung gewesen? – NICHTS.
3. Was verlangt er? – ETWAS ZU SEIN.

Wer wagt also zu behaupten, dass der Dritte Stand nicht alles in sich hat, was erforderlich ist, um eine vollständige Nation zu ergeben? Er ist der starke und kräftige Mann, dessen einer Arm noch angekettet ist. Wenn man den privilegierten Stand wegnähme, wäre die Nation nicht etwas weniger, sondern etwas mehr. Also, was ist der Dritte Stand? Alles, aber ein gefesseltes und unterdrücktes Alles.

Was wäre er ohne den privilegierten Stand? Alles, aber ein freies und blühendes Alles.

Nichts geht ohne ihn; alles ginge unendlich viel besser ohne die anderen.

[…]

Erste Forderung:

Die Vertreter des Dritten Standes sollen nur aus den Bürgern gewählt werden, die wirklich zum Dritten Stand gehören.

Zweite Forderung:

Seine Abgeordneten sollen an der Zahl denen der beiden privilegierten Stände entsprechen.

Dritte und letzte Forderung des Dritten Standes:

Die Generalstände sollen nicht nach Ständen, sondern nach Köpfen abstimmen.

Zit. n.: Chris E. Paschold/Albert Gier (Herausgeber und Übersetzer), Die französische Revolution. Ein Lesebuch mit zeitgenössischen Berichten und Dokumenten, Stuttgart: Reclam 1989, S. 49, 51.

1 Wer ist der Autor der Quelle?

Der Autor der Quelle ist ______________________. Geboren wurde er ________ in ________. Sieyès war ______________ in ____________ und gehörte damit dem __________ Stand an. Er starb ________.

2 Um welche Textgattung handelt es sich?

Bei der Quelle handelt es sich um eine ______________.

3 Wann und wo wurde die Quelle veröffentlicht?

Die Quelle wurde im ____________________ veröffentlicht.

4 Welchen Inhalt enthält der Text?

Der Textauszug kann in zwei Abschnitte gegliedert werden: Abschnitt 1 [Z. ________] bietet eine Definition des ______________ welcher als „ALLES“ bestimmt wird.

Zum Dritten Stand schreibt Sieyès: ____

____

Über die privilegierten Stände Adel und Klerus schreibt Sieyès: ______________________________

____

Abschnitt 2 [Z. ________] präsentiert auf der Basis des ersten Abschnittes konkrete Forderungen für die Zusammensetzung und die Abstimmungsregeln der Versammlung der französischen Generalstände:

Forderung 1: ____

Forderung 2: ____

____

Forderung 3: ____

5 Wer sind die (möglichen) Adressaten der Quelle?

Sieyès wendet sich mit seiner Flugschrift an eine ______________________________.

6 Welche Absicht (Intention) verfolgt des Autor?

____

____

____

____

____

____

Erklärung der Menschen- und Bürgerrechte – Eine Bildquelle analysieren

M 1 Erklärung der Menschen- und Bürgerrechte
Gemälde von Jean-Jacques-François Le Barbier, 1790

Tafel mit folgender Inschrift:
„Déclaration des droits de l'homme et du citoyen. Décretés par l'Assemblée Nationale dans les séances des 20, 21, 23, 24 et 26 aoûst [août] 1789, acceptés par le Roi" (= „Erklärung der Menschen- und Bürgerrechte, die von der Nationalversammlung in den Sitzungen vom 20., 21., 23., 24. und 26. August 1789 verabschiedet und vom König angenommen worden sind.")

Unter den Tafeln steht:
„Aux représentans: [représentants] du peuple françois" (= „Den Vertretern des französischen Volkes")

1 Finde die unten aufgelisteten Details auf dem Gemälde und ordne die jeweils richtige Ziffer zu.

- ◯ Datum der Erklärung
- ◯ gesprengte Ketten
- ◯ Zustimmung des Königs
- ◯ Pike mit Rutenbündel
- ◯ Urheber der Erklärung
- ◯ Wortlaut der Präambel
- ◯ Widmung der Erklärung
- ◯ Frauengestalt mit Flügeln, rosa Umhang und Stab (Zepter)
- ◯ Auge in Dreieck mit Strahlenkranz
- ◯ Wortlaut der 17 Artikel der Erklärung auf zwei schwarzen Marmortafeln
- ◯ Girlande aus Eichenlaub
- ◯ Schlange, die sich selbst in den Schwanz beißt
- ◯ Frauengestalt in den Farben der Revolution (blau, rot und weiß), mit Krone auf dem Kopf und einem Mantel mit den königlichen Lilien
- ◯ rote (phrygische) Mütze

2 Viele Bildelemente haben eine symbolische Bedeutung. Ordne die folgenden Erklärungen den dazugehörigen Bildteilen zu.

Aussage	Ziffer im Bild
Figur verkörpert das Königreich Frankreich, das sich von den Ketten der Unfreiheit befreit	
Engelsfigur steht für die Verbindung zwischen Gott und den Menschen- und Bürgerrechten	
Symbol der höchsten Amtsträger im antiken Rom = Zeichen für Macht	
Darstellung erinnert an die zwei Tafeln, auf welchen Moses auf dem Berg Sinai die Zehn Gebote empfangen hat	
Symbol für die Befreiung aus der Sklaverei im antiken Rom	
Kreis als Symbol der Vollkommenheit und ewigen Dauer	
Eichenlaub als Symbol der Beständigkeit	
Symbol für die Vernunft oder Hinweis auf die göttliche Dreifaltigkeit	

3 Ergänze den folgenden Lückentext. Verwende dazu die unten aufgelisteten Begriffe.

Der Maler Le Barbier verwendet in seiner Darstellung Symbole des ____________, der ______________ und der __________, um die Bedeutung der ______________________________ für das Königreich Frankreich deutlich zu machen: Die Erklärung beendet den Zustand der Unfreiheit und bringt den Bürgern ____________________. Diese Rechte gelten _______, müssen aber auch ________ werden. Sie entspringen (je nach Lesart) ____________ oder ____________________.

dem göttlichen Willen | Christentums | Gleichheit und Freiheit | Aufklärung | ewig | Menschen- und Bürgerrechtserklärung | römischen Antike | der Vernunft | verteidigt

Aufstieg und Fall Napoleons – Mit einer Karikatur arbeiten

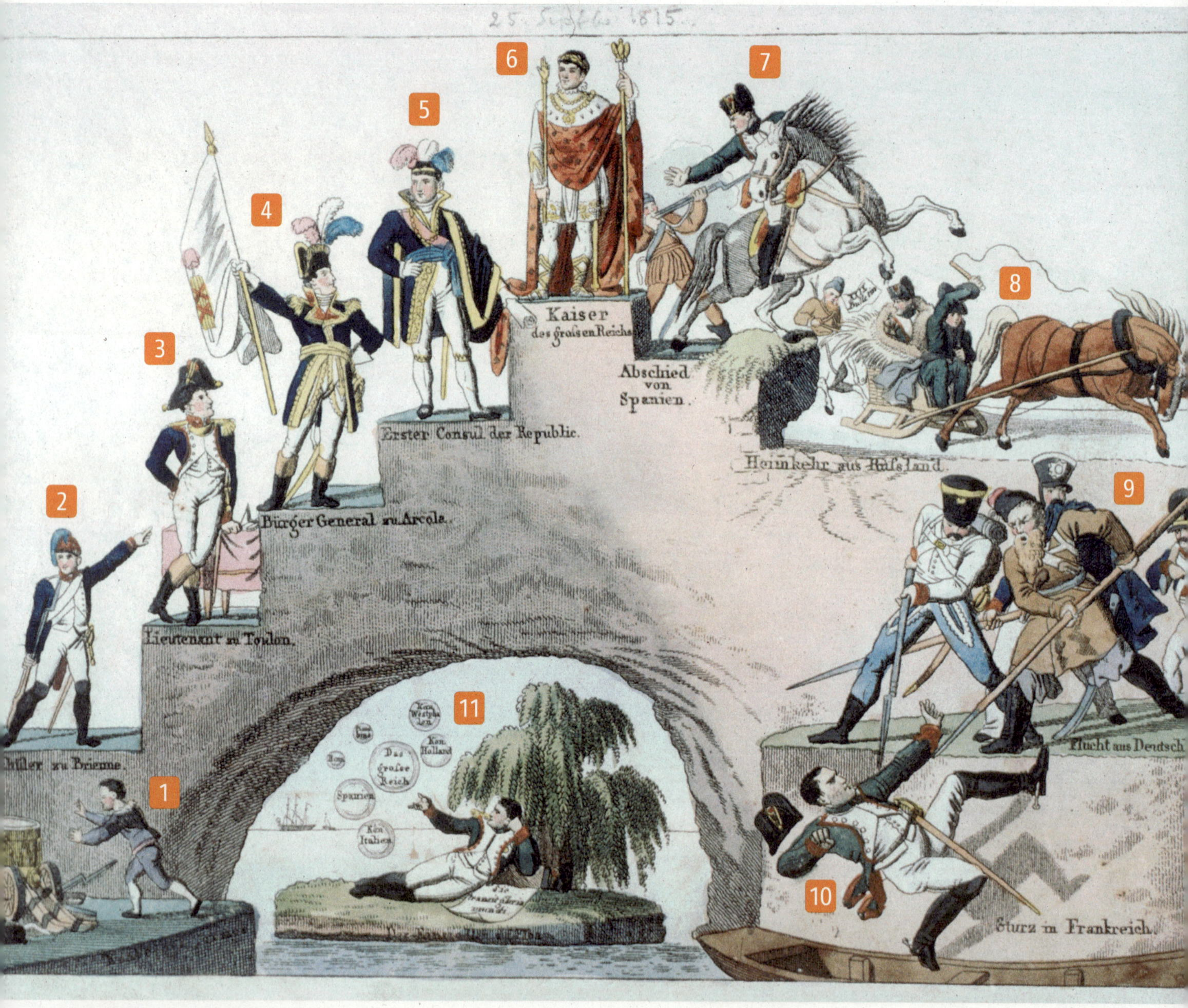

M 1 Aufstieg und Fall Napoleons

Radierung von Johann Michael Voltz, 1814.
Die Bezeichnungen der einzelnen Stufen (von links nach rechts) lauten: Knabe auf Korsika, Schüler zu Brienne (Militärschule), Lieutnant zu Toulon, Bürger General zu Arcola, Erster Konsul der Republik, Kaiser des großen Reiches, Abschied von Spanien, Heimkehr aus Russland, Flucht aus Deutschland, Sturz in Frankreich. Die letzte Station, Napoleon auf der Insel Elba, zeigt die Inschrift: Sic transit gloria mundi (= So vergeht der Ruhm der Welt). Der liegende Napoleon spielt mit Seifenblasen, welche die Namen von Ländern tragen, die er einst regiert und nun wieder verloren hat.

1. Beschreibe die Karikatur insgesamt und in ihren Einzelbildern (1) bis (11). Wie wird Napoleon auf den einzelnen Bildabschnitten der Karikatur darstellt? Achte besonders darauf, welche Körperhaltung Napoleon jeweils einnimmt. Trage deine Beobachtungen in Form einer Tabelle in dein Heft ein.

2 Ordne die Karten mit biografischen Informationen über Napoleon den Bildern (Ziffer 1 bis 11) der Karikatur zu. Beachte: Die Karten sind nicht in der zeitlich richtigen Reihenfolge abgedruckt.

◯ Als Befehlshaber der französischen Italienarmee besiegte Napoleon 1796 in der Schlacht von Arcole die Österreicher. Der triumphale Italienfeldzug 1796/97 begründete seinen Aufstieg.

◯ Der Vater schickte den jungen Napoleon zur Erziehung nach Frankreich, wo er die Militärschulen von Brienne und Paris besuchte.

◯ In der Völkerschlacht bei Leipzig vom 16. bis 19. Oktober 1813 unterlag die Armee Napoleons den Heeren der Koalition aus Österreich, Preußen und Russland. Die Niederlage führte zur Flucht Napoleons aus Deutschland und zum Ende seiner Herrschaft über Europa.

◯ Napoleon Bonaparte wurde am 15. August 1769 in Ajaccio auf Korsika als Sohn einer wohlhabenden Familie geboren.

◯ Als Russland die weitere Unterstützung der gegen England gerichteten Kontinentalsperre verweigerte, marschierte Napoleon im Juni 1812 mit der „Großen Armee" (über 600 000 Soldaten) in Russland ein. Trotz der Eroberung von Moskau musste Napoleon im Winter 1812 den Rückzug antreten, bei dem seine Armee riesige Verluste erlitt.

◯ Die Sieger wiesen Napoleon nach seinem Sturz die Mittelmeerinsel Elba als souveränen Besitz zu, den Kaisertitel durfte er weiterhin führen.

◯ Im Jahre 1804 führte Napoleon in Frankreich das erbliche Kaisertum ein. Am 2. Dezember 1804 krönte er sich im Beisein des Papstes in der Kathedrale Notre-Dame in Paris selbst zum Kaiser.

◯ Noch einmal griff Napoleon nach der Macht. Er verließ Elba, landete am 1. März 1815 überraschend in der Hafenstadt Cannes und bildete schnell eine neue Armee. Seine „Herrschaft der Hundert Tage" endete mit einer Niederlage bei Waterloo am 18. Juni 1815 gegen preußisch-englische Koalitionstruppen. Napoleon wurde auf die englische Insel St. Helena im Südatlantik verbannt, wo er am 5. Mai 1821 starb.

◯ Am 9. November 1799 unternahm Napoleon einen Staatsstreich gegen das bis dahin herrschende Direktorium und wurde als Erster Konsul in einem Dreier-Kollegium der mächtigste Mann Frankreichs. 1802 ließ Napoleon durch eine Volksbefragung sein Konsulat auf Lebenszeit verlängern.

◯ Im Jahr 1809 erhoben sich die Spanier, die seit 1808 unter französischer Herrschaft standen. Es gelang Napoleon nicht, den Aufstand niederzuschlagen.

◯ Nach der Besetzung von Paris durch die Alliierten (England, Preußen, Russland, Österreich) musste Napoleon am 6. April 1814 als Kaiser abdanken.

◯ Schon als 16-Jähriger wurde Napoleon 1785 Leutnant der Artillerie. Die Rückeroberung der von den Engländern besetzten französischen Hafenstadt Toulon im Dezember 1793 brachte ihm die Beförderung zum General ein.

3 Eine Karte enthält Ereignisse, die in der Karikatur von Johann Michael Voltz nicht vorkommen. Um welche Ereignisse handelt es sich? Warum berücksichtigt Voltz sie nicht?

___

___

4 Eine Karikatur ist ein gezeichneter Kommentar. Erkläre, welche Meinung der Zeichner mit seiner Karikatur zum Ausdruck bringen wollte.

___

___

___

___

___

___

___

Die Kontinentalsperre – Umgang mit einer Darstellung

Der Historiker Volker Ullrich schrieb 2006 einen Beitrag für die Rundfunk-Sendereihe „Das Kalenderblatt" des Deutschlandfunks. Unter dem Titel: „Boykott zum eigenen Schaden. 1806 verhängte Napoleon die Kontinentalsperre gegen England" führte er aus:

Ende Oktober 1806, nach der preußischen Niederlage in der Doppelschlacht bei Jena und Auerstedt, zog der französische Kaiser Napoleon Bonaparte in Berlin ein. Drei Wochen später, am 21. November, erließ er von hier aus ein Dekret, das eine totale Wirtschaftsblockade gegen England verhängte, die so genannte Kontinentalsperre. [...]

Napoleon hoffte, auf diese Weise Englands Handel und Industrie so stark in Mitleidenschaft ziehen zu können, dass die erste Seemacht unter den Nationen sich gezwungen sehen würde, klein beizugeben. Bis Ende 1807 waren alle europäischen Staaten mit Ausnahme von Schweden der Kontinentalsperre beigetreten. Die Folgen des Embargos machten sich in England rasch bemerkbar. Der Export britischer Waren ging stark zurück, ebenso der Handel mit Produkten aus den Kolonien. Besonders die Textilindustrie lag danieder; in Lancashire brachen im Sommer 1808 Unruhen aus. Napoleon glaubte sich bereits am Ziel seiner Wünsche. [...]

Doch der Eroberer triumphierte zu früh. Es gelang der englischen Wirtschaft, sich neue Märkte vor allem in Süd- und Nordamerika zu erschließen. Überdies funktionierte die Kontinentalsperre nie lückenlos. Trotz rigoroser Kontrollen entwickelte sich ein schwunghafter Schmuggel. [...]

Um die Küsten wirksamer zu kontrollieren, sah sich Napoleon zu einer weiteren Ausdehnung seines Herrschaftsbereichs gezwungen. 1810 wurde Holland annektiert; 1811 folgte die Angliederung Norddeutschlands mit den Hansestädten Bremen, Hamburg und Lübeck. Doch immer deutlicher bekam nun auch Frankreich die Auswirkungen der Kontinentalsperre zu spüren. Während einige Industriezweige vom Wegfall der englischen Konkurrenz profitierten, litten vor allem die Hafenstädte unter dem Niedergang des Handels. [...] Napoleon versuchte die Folgen zu mildern, indem er 1810 Ausnahmeregelungen einführte. Danach war es französischen Schiffseignern gegen Lizenzgebühren erlaubt, Getreide, Wein und Spirituosen nach England auszuführen unter der Bedingung, dass sie in der Höhe des gleichen Werts Kolonialwaren und andere benötigte Güter einführten. Auf diese Weise hielt Frankreich einen, wenn auch bescheidenen Warenaustausch mit England aufrecht, während es gleichzeitig den Vasallenstaaten eben diesen Handel untersagte.

Für das endgültige Scheitern der Kontinentalsperre sorgte jedoch Russlands Zar Alexander I., als er Ende 1810 aus der Boykottfront ausscherte und die russischen Häfen für Schiffe mit englischen Waren öffnete. Napoleons Antwort lautete: Krieg. Doch das Desaster seiner Grande Armée in den Weiten Russlands 1812 beendete alle Träume von einer vollkommenen Beherrschung des Kontinents. So hatte der Versuch, durch einen Wirtschaftskrieg bislang unbekannten Ausmaßes England in die Knie zu zwingen, sich am Ende gegen Napoleon selbst gekehrt und seinen Untergang beschleunigt.

Manuskript der Sendung „Kalenderblatt" des Deutschlandfunks vom 21.11.2006, online unter: https://www.deutschlandfunk.de/boykott-zum-eigenen-schaden.871.de.html?dram:article_id=125699 [letzter Zugriff: 18.08.2021].

1. Im Text sind einige Begriffe rot markiert. Kläre diese mithilfe eines Lexikons.

2. Wer ist der Autor des Textes? ______________________________

3. An wen wendet sich der Autor mit seinem Text? ______________________________

____

4. Um welche Textart handelt es sich?

____

____

5. Die Darstellung enthält Formulierungen, die auf Napoleons Beweggründe, Gedanken und Gefühle hinweisen. Benenne derartige Passagen (nutze die Zeilenzählung). Welche Wirkung erzielen sie beim Leser/Zuhörer?

____

____

6. Welche Informationen enthält der Text? Orientiere dich an den folgenden Stichpunkten und verweise auf die Textstellen in der Darstellung (nutze die Zeilenzählung).

– Begriff der Kontinentalsperre: ______________________________

____

____

– Dauer der Kontinentalsperre: ______________________________

– Eingesetzte Maßnahmen: ______________________________

____

____

– Auswirkungen der Kontinentalsperre: ______________________________

____

____

– Erfolg bzw. Scheitern der Kontinentalsperre: ______________________________

____

____

____

____

Französische Revolution und Napoleon – Wichtige Daten wiederholen

1. Auf dieser Seite sind wichtige Ereignisse aus der Zeit der Französischen Revolution und der Herrschaft Napoleons aufgelistet. Recherchiere in deinem Schulbuch oder im Internet das jeweilige Datum und trage es in die blauen Kästchen ein.
Hinweis: In den Kästchen ist jeweils angegeben, ob das gesuchte Datum auf den Tag genau (Tag/Monat/Jahr), auf den Monat genau (Monat/Jahr) oder nur mit der Jahrzahl (Jahr) eingetragen werden soll.

Einberufung der Generalstände	(Monat/Jahr) ______
Sturm auf die Bastille	(Tag/Monat/Jahr) ______
Ballhausschwur	(Tag/Monat/Jahr) ______
Erklärung der Menschen- und Bürgerrechte	(Tag/Monat/Jahr) ______
Erste Verfassung in Frankreich	(Jahr) ______
Beginn des Krieges: Frankreich erklärt Österreich den Krieg	(Monat/Jahr) ______
Schreckensherrschaft	(Jahre) ______
Napoleon wird von Robespierre zum General befördert	(Jahr) ______
Napoleon übernimmt als Erster Konsul praktisch die Alleinherrschaft	(Jahr) ______
Napoleon krönt sich zum Kaiser	(Jahr) ______
Kontinentalsperre	(Jahre von – bis) ______
Ende des Heiligen Römischen Reiches	(Jahr) ______
Niederlage der „Großen Armee“ in Russland	(Jahr) ______
Völkerschlacht bei Leipzig	(Jahr) ______
Endgültige Niederlage Napoleons	(Jahr) ______
Napoleon stirbt in der Verbannung auf der Atlantikinsel St. Helena	(Jahr) ______

2. Wähle drei der aufgelisteten Ereignisse aus und erläutere in wenigen Sätzen den jeweiligen historischen Kontext.

Begriffe-Quiz

Hinweis zur Nutzung der Karten Schneide die Karten sorgfältig aus. Du kannst die Frage-/Antwort-Karten zur eigenen Wissensüberprüfung nutzen, du kannst das Quiz aber auch mit deinem Lernpartner zusammen verwenden. Dazu wird abwechselnd je eine Karte aus dem Stapel gezogen. Derjenige, der die Karte gezogen hat, muss in einer vorgegebenen Zeit antworten. Die Antwort muss nicht wörtlich mit der Lösung auf der Rückseite der Karte übereinstimmen. Im Zweifelsfall könnt ihr im Glossar des Lehrbuches oder in dem entsprechenden Kapitel nachschlagen. Ihr könnt auch selber weitere Quiz-Karten erstellen. Neben historischen Begriffen kommen dabei natürlich auch Namen historischer Personen, historische Daten oder Orte infrage.		Säkularisation
Kopernikanisches Weltbild	Menschenrechte	Protestanten
Kontinentalsperre	Aufklärung	Manufaktur
Absolutismus	Befreiungskriege	Stand, Stände

Begriffe-Quiz

Überführung von Kirchengut in weltlichen Besitz. Zu einer umfassenden Säkularisation kam es in Frankreich durch die Französische Revolution, in Deutschland aufgrund des Reichsdeputationshauptschlusses 1803.		
Nach einem Reichstagsbeschluss von 1529 sollten alle kirchlichen Reformen verboten werden und die Anhänger Luthers der Reichsacht verfallen. Dagegen protestierten die reformierten Fürsten und Städte aus Gewissensgründen. Von dieser „Protestation“ leitet sich der Begriff her. Luther verwendete für seine Lehre und ihre Anhänger den Begriff „evangelisch“.	In der Aufklärung entstandene Überzeugung, wonach jeder Mensch unantastbare Rechte besitzt, die der Staat achten und schützen muss. Hierzu zählen die Rechte auf Gleichheit vor dem Gesetz, Unversehrtheit, Eigentum, Meinungs- und Glaubensfreiheit und Widerstand gegen Unterdrückung.	Der Astronom und Mathematiker Nikolaus Kopernikus (1473–1543) behauptete auf Grundlage seiner Beobachtungen, dass die Sonne im Mittelpunkt des Planetensystems stehen müsse. Nach ihm wurde dieses neue Weltbild benannt.
Ein Betrieb, in dem vorwiegend Handarbeit geleistet wurde. Die Arbeit fand allerdings im Gegensatz zum traditionellen Handwerksbetrieb in großen Produktionsräumen mit vielen Arbeitern statt. Zur Steigerung der Produktion teilte man die Herstellung eines Produktes in Einzelschritte auf (Arbeitsteilung).	Eine Bewegung im 18. Jahrhundert in West- und Mitteleuropa gegen den Absolutismus. Ihre zumeist bürgerlichen Vertreter – Schriftsteller, Philosophen und Staatstheoretiker – hielten alle Menschen „von Natur aus für vernunftbegabt“ und befähigt, ihr Leben „vernünftig“ zu gestalten.	Von Napoleon 1806 gegen Großbritannien verhängte Wirtschaftsblockade, die den europäischen Kontinent abriegelte. Die Kontinentalsperre sollte den Warenverkehr mit Großbritannien verhindern und der britischen Wirtschaft Schaden zufügen.
Die europäische Gesellschaft war bis zur Französischen Revolution in Gruppen mit ungleichen Rechten unterteilt. Die Standesangehörigkeit war geburtsabhängig. Die Geistlichen bildeten den Ersten Stand, die Adeligen den Zweiten. Die große Masse der Bauern bildete den Dritten Stand, zu dem auch die Bürger zählten.	Nach dem Untergang von Napoleons Großer Armee im Russlandfeldzug 1812 schlossen sich Russland, Österreich, Preußen, England sowie einige weitere Staaten zu einer antifranzösischen Koalition zusammen. So kam es zwischen 1813 und 1815 zu mehreren Schlachten (z.B. Leipzig 1813 oder Waterloo 1815), die den Sieg über Napoleon besiegelten.	Regierungsform, in der ein Monarch die uneingeschränkte und ungeteilte Herrschaftsgewalt besitzt. Er regiert von den Gesetzen losgelöst und muss sich keinem Menschen, sondern nur Gott gegenüber rechtfertigen. Der Begriff bezeichnet auch die Epoche vom 16.–18. Jahrhundert, als der Absolutismus in Europa vorherrschte. Als Vorbild galt der französische König Ludwig XIV.

Begriffe-Quiz

Reformation	Westfälischer Friede	Sansculotten
Augsburger Religionsfrieden	Rheinbund	Generalstände
Gewaltenteilung	Jakobiner	Merkantilismus
Mediatisierung	Ablass	Wormser Edikt

Begriffe-Quiz

(frz. sans culottes = ohne Kniehosen). In der Französischen Revolution ursprünglich ein Spottname für Revolutionäre, die im Gegensatz zur aristokratischen Mode keine Culotten (Kniehosen), sondern Pantalons (lange Hosen) trugen. Später ging die Bezeichnung allgemein auf radikale Patrioten und Republikaner über.	Bezeichnung für die 1648 in Münster und Osnabrück geschlossenen Friedensverträge, die den Dreißigjährigen Krieg beendeten.	Der religiöse Umbruch Europas im 16. Jahrhundert, der zur Auflösung der kirchlichen Einheit des Abendlandes führte. Eingeleitet wurde die Reformation durch die Thesen Martin Luthers (1517).
Versammlung von Vertretern der drei Stände in Frankreich (1. Stand: Geistlichkeit, 2. Stand: Adel, 3. Stand: Bürger und Bauern). Die Generalstände hatten das Recht der Steuerbewilligung.	1806 erklärten 16 Reichsfürsten ihren Austritt aus dem Reich und gründeten unter dem Schutz Napoleons den Rheinbund. Der Habsburger Franz II. legte daraufhin die römisch-deutsche Kaiserwürde nieder und nannte sich fortan Kaiser Franz I. von Österreich. Nach Napoleons verlorenem Russlandfeldzug löste sich der Rheinbund rasch auf.	Der Augburger Religionsfrieden von 1555 besiegelte die Glaubensspaltung des Reiches. Die Landesfürsten erhielten Konfessionsfreiheit und schrieben nach dem Grundsatz „cuius regio, eius religio" (= „wem das Land gehört, der bestimmt die Religion") ihren Untertanen das Bekenntnis vor. Wer damit nicht einverstanden war, musste auswandern.
Die staatlich gelenkte Wirtschaftsform des Absolutismus. Um die Macht des Staates zu vergrößern und die Mittel für das Stehende Heer, die Beamten und den höfischen Prunk aufzubringen, förderte die Regierung die Ausfuhr von Fertigwaren und erschwerte durch hohe Zölle die Einfuhr ausländischer Produkte.	Die Mitglieder eines politischen Klubs während der Französischen Revolution, benannt nach ihrem Tagungsort, dem Pariser Kloster St. Jakob. Die Jakobiner waren radikale Republikaner.	Teilung der Staatsgewalt in gesetzgebende (Legislative), gesetzesvollziehende (Exekutive) und rechtsprechende (Judikative) Gewalt. Dem Prinzip der Gewaltenteilung entsprechen die voneinander unabhängigen Verfassungsorgane Parlament, Regierung und Gerichte.
1521 wurde Martin Luther vor den Reichstag geladen, der in Gegenwart von Kaiser Karl V. in Worms stattfand, um seine Lehre zu erläutern. Als Luther sich weigerte, seine Lehren zu widerrufen, erließ der Kaiser das Wormser Edikt, das über Luther die Reichsacht verhängte und die Lektüre und die Verbreitung von Luthers Schriften verbot.	Der reuige Sünder musste für seine Sünden verschiedene Bußen auf sich nehmen, z.B. Gebete, Almosen, Wallfahrten. Durch den Kauf von Ablassbriefen konnten, so der Glaube, diese Bußstrafen erleichtert werden. Aus dem Verkauf der päpstlichen Ablassbriefe entwickelte sich für die Kirche eine sprudelnde Einnahmequelle.	Beseitigung der Selbstständigkeit kleinerer weltlicher Reichsstände im Heiligen Römischen Reich Deutscher Nation (z. B. Grafschaften, Reichsritter) und ihre Angliederung an andere Territorien. Sie erfolgte ab 1803 (Reichsdeputationshauptschluss) zur Entschädigung jener Fürsten, deren linksrheinische Gebiete an Frankreich gefallen waren.